国家智库报告 2016(38)
National Think Tank

经 济

国企混合所有制改革：
怎么混？混得怎么样？

刘小鲁 聂辉华 著

THE MIXED-OWNERSHIP REFORM OF STATE-OWNED
ENTERPRISES: MEANS AND PERFORMANCE

中国社会科学出版社

图书在版编目(CIP)数据

国企混合所有制改革：怎么混？混得怎么样？／刘小鲁，聂辉华著．—北京：中国社会科学出版社，2016.7（2017.10重印）
（国家智库报告）
ISBN 978-7-5161-8672-5

Ⅰ.①国…　Ⅱ.①刘…②聂…　Ⅲ.①国有企业—混合所有制—企业改革—研究—中国　Ⅳ.①F279.241

中国版本图书馆CIP数据核字（2016）第182731号

出 版 人	赵剑英
责任编辑	王　茵
特约编辑	张　潜
责任校对	郝阳洋
责任印制	李寡寡

出　　版	中国社会科学出版社
社　　址	北京鼓楼西大街甲158号
邮　　编	100720
网　　址	http://www.csspw.cn
发 行 部	010-84083685
门 市 部	010-84029450
经　　销	新华书店及其他书店

印刷装订	北京君升印刷有限公司
版　　次	2016年7月第1版
印　　次	2017年10月第2次印刷
开　　本	787×1092　1/16
印　　张	4.5
插　　页	2
字　　数	50千字
定　　价	20.00元

凡购买中国社会科学出版社图书，如有质量问题请与本社营销中心联系调换
电话：010-84083683
版权所有　侵权必究

摘要：本书对国企混合所有制改革的效率极其背后的机制进行了研究。研究发现，国有控股企业的效率要高于国有独资企业和民营企业，且国有资产比重与效率呈现倒"U"形关系；国有资产比重对效率的正面影响主要来自与国有经济相联系的市场势力和低融资约束。上市公司的数据研究进一步表明，虽然国有股和非国有股股权的集中均能提高效率，但前者的影响弱于后者；员工持股对于提升国有控股和参股上市公司的效率有一定的正面作用。

Abstract: This book analyzes how mixed-ownership affects productivity. It is found that state-holding enterprises are significantly more efficient than state-owned enterprises and private-owned enterprises, and there is an inverted U type relationship between the proportion of state-owned capital and productivity. Further analysis shows that the positive influences of the proportion of state-owned capital on productivity derives from market power and low financial constraints related to state-owned enterprises. By employing data of Chinese listed firms, this book also finds that the concentration of non-state-owned shares is more effective on enhancing productivity than the concentration of state-owned shares; employee stock ownership has positive effects on the productivity of state-holding and state joint stock listed companies.

目 录

一 国企混合所有制改革的背景和问题 …………… (1)

（一）国企改革重新成为热点问题 ……………… (1)

（二）新时期国企改革的三个标志性文件 ………… (2)

（三）国企混改的几个关键问题 …………………… (4)

二 混合所有制国有企业的绩效评价 ……………… (6)

（一）利润率 ………………………………………… (7)

（二）劳动生产率 …………………………………… (8)

（三）全要素生产率 ………………………………… (10)

（四）混合所有制国企的效率在不同行业、规模和
　　　隶属关系上存在差异 ……………………… (14)

三 混合所有制国企为何更有效率？ ……………… (20)
(一)国有资产比重与混合所有制效率之间存在倒"U"形关系 ……………………… (20)
(二)混合所有制为何更有效率？ ……………… (24)
(三)对国有资产比重和效率的再检验 ………… (37)
(四)小结 ………………………………………… (40)

四 从公司治理视角探析混合所有制国企绩效 …… (42)
(一)股权集中度与上市公司绩效 ……………… (42)
(二)内部人激励 ………………………………… (51)

五 研究结论和政策建议 ……………………………… (55)
(一)主要结论 …………………………………… (55)
(二)政策建议 …………………………………… (56)

附录1 投资—现金流敏感性指数的测算 ………… (59)

附录2 价格加成率的测算 ………………………… (61)

参考文献 …………………………………………… (63)

一　国企混合所有制改革的背景和问题

（一）国企改革重新成为热点问题

在经历了"九十年代的喧嚣"之后，国企改革问题再度成为当前的热点问题。特别是 2015 年 9 月 14 日，新华网发布《中共中央、国务院关于深化国有企业改革的指导意见》之后，几乎所有中国重要媒体都在讨论国企改革方案，学术界的老、中、青三代学者也都在热议国企改革问题。图 1 中"国企改革"的百度搜索指数显示，在 9 月 14 日当天，以国企改革为主题的头条新闻多达 2 万条，前后一周内每天头条新闻超过 4000 条，足以说明国企改革问题已经成为当前社会的热点问题之一。

然而，国企问题也是难点问题。从 20 世纪 50 年代开始，中国的国有企业就一直在改革中蹒跚前行。经历了半个多世纪的改革，国企改革问题仍然是热点问题，说明改革进程并不顺利，改革结果并不令人满意。

在这种情况下，人民大学无论是作为学术重镇，还是作为国家重要智库，都有责任和义务，以严谨的学术研究为基础，厘清事实、廓清迷雾，为国企改革献计献

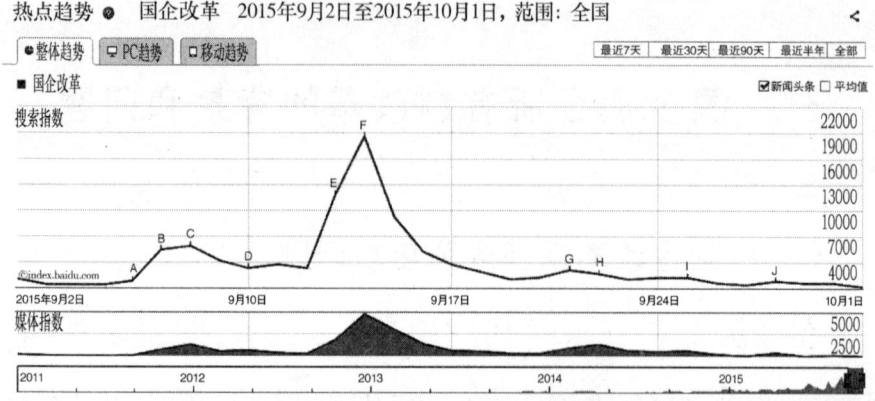

图1 "国企改革"的百度搜索指数

数据来源：百度指数。

策。由于混合所有制改革被看作国企改革的重中之重，因此本报告将聚焦混合所有制改革问题。

（二）新时期国企改革的三个标志性文件

2013年11月12日，中共十八届三中全会通过了《中共中央关于全面深化改革若干重大问题的决定》（以下简称《决定》）。《决定》第六点指出："积极发展混合所有制经济。国有资本、集体资本、非公有资本等交叉持股、相互融合的混合所有制经济，是基本经济制度的重要实现形式，有利于国有资本放大功能、保值增值、提高竞争力，有利于各种所有制资本取长补短、相互促进、共同发展。允许更多国有经济和其他所有制经济发展成为混合所有制经济。国有资本投资项目允许非国有资本参股。允许混合所有制经济实行企业员工持股，形成资本所有者和劳动者利益共同体。"概括起来，混合所有制主要包括三个方面：国企入股民企，民企入股国企，国企员工持股。

2015年9月14日，《中共中央、国务院关于深化国有企业改革的指导意见》出台，该文件列举了国企改革的四个目标，其中"发展混合所有制经济"被当作第一个目标。在发展混合所有制经济的具体措施方面，这份文件完全延续了十八届三中全会的精神，但是更具体。第一，对于已有的混合所有制国企，关键是完善现代企业制度、提高资本运行效率；第二，鼓励非国有资本投资主体通过出资入股、收购股权、认购可转债、股权置换等多种方式，参与国有企业改制；第三，鼓励国有资本通过市场化方式，以公共服务、高新技术、生态环保、战略性产业为重点领域，对发展潜力大、成长性强的非国有企业进行股权投资；第四，探索实行混合所有制企业员工持股，优先支持人才、资本和技术要素贡献占比较高的转制科研院所、高新技术企业、科技服务型企业开展员工持股试点。

2015年9月23日，国务院发布了《国务院关于国有企业发展混合所有制经济的意见》（以下简称《意见》），就国企混合所有制改革提出了具体的指导意见。《意见》提出，国企混改的基本原则是"政府引导，市场运作"；思路是"分类""分层"进行，即一方面竞争性商业类国企是混改重点，而处于关系国家安全和国民经济命脉行业的商业类国有企业仍要保持国有资本控股地位；另一方面国企子公司是混改的重点，而集团公司层面的国企混改仍然处于探索阶段。

（三）国企混改的几个关键问题

关注国有企业混合所有制改革，我们不能回避以下几个关键问题。

第一，现有的国企混改效率如何？那些实行了混合所有制改革的国企，是否效率一定比纯国企更好？是否超过了原本效率更高的非国有企业？这是对过去国企混改成效的基本判断，也是支撑国企混改的现实基础和主要动力。

第二，如果国企混改有助于提升国企效率，那么哪种形式的国企混改更有效率？哪些领域的混改更有效率？

从股权结构上讲，国企混改可以是绝对控股，可以是相对控股，也可以是参股，究竟哪种股权结构最有效率呢？搞清楚这点，才能稳妥推进国企混改。

第三，如果国企混改有助于提升国企效率，背后的原因是什么？是混改本身改善了公司治理结构，激发了员工积极性，还是别的因素？这涉及对国企效率的重新评价，也是国企改革的理论基础，不容忽视。

第四，在已有的混改国企中，员工持股是否有效率？人们对于行政垄断行业的国企员工获取高薪和丰厚福利早已不满，那么在这种背景下的员工持股是否会导致利益固化，引发社会不公情绪？

第五，基于上述研究结论，下一步国企改革的具体方向和措施是什么？这涉及国企改革的未来。

本报告将基于大样本数据和严谨的经济学方法，试图回答上述五个关于国企混改的关键问题。

二 混合所有制国有企业的绩效评价

对企业绩效的评价通常是从财务指标和生产率两个角度展开。常见的财务指标视角的分析往往以企业盈利能力分析为主,核心指标是企业的利润率。生产率视角的研究重在测度企业将要素投入转化为产出的能力。常用的生产率度量指标是劳动生产率和全要素生产率。前者侧重于体现单位劳动投入的产出绩效,后者则强调企业综合运用各种生产要素实现产出的能力。本报告将通过这两个角度来分析混合所有制企业的经营绩效。尽管混合所有制泛指产权分属于不同所有者的所有制形式,但本报告将侧重于包含国有资产的混合所有制形式。

我们发现,从利润率和生产率指标的比较结果来看,并不是所有类型的国有企业均效率低下。作为一种主要的混合所有制国企,国有控股企业的绩效要明显优于国有独资企业。此外,尽管国有控股企业的盈利能力尚弱于私营企业,但其平均生产率高于内资非国有企业。

（一）利润率

根据《中国工业经济统计年鉴》的数据，2013年工业企业中，国有独资企业和独资公司的利润总额为10.05万亿元，是2001年的179倍；相应的，国有控股工业企业利润总额为25.78万亿元，是2001年的108倍。2001—2013年，国有控股工业企业的名义利润年复合增长率为43.35%，国有独资企业和独资公司名义利润年复合增长率为54.10%。

国有控股企业盈利能力明显强于国有独资企业和独资公司，但仍然弱于私营独资企业。2013年，国有控股企业的销售利润率为6.62%，而同年国有独资企业和私营独资企业的销售利润率分别为4.85%和8.34%。2013年，外商投资企业的销售利润率为6.71%，略高于国有控股企业；其他类型企业的平均销售利润率为5.25%，略低于国有控股企业。[①] 各类所有制企业的销售利润率如图2所示。

---

① 这里对混合所有制形式的区分的依据来自企业注册类型。国有控股、私营独资、集体独资、外商投资和港澳台商投资企业在《中国工业经济统计年鉴》的分注册类型统计表中均有直接的对应项。国有独资企业则包括国有企业和国有独资公司。

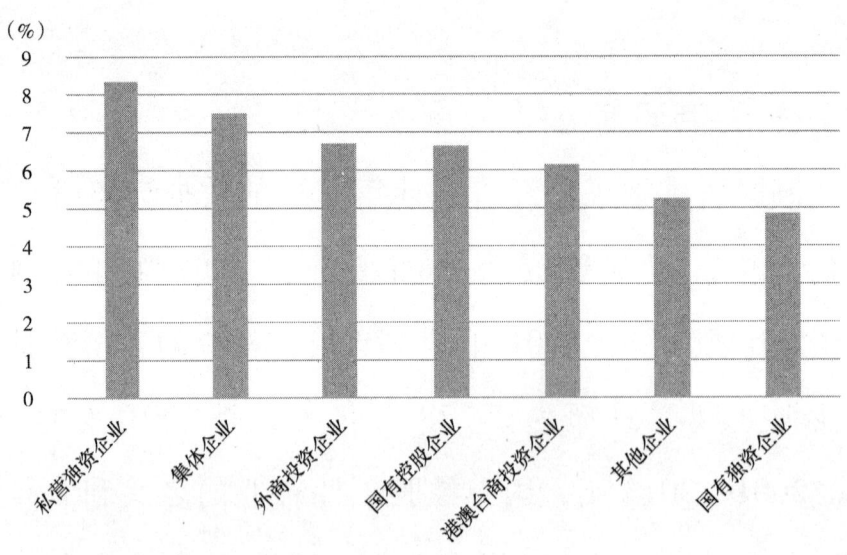

图2 2013年各所有制类型企业销售利润率

数据来源：根据《中国工业经济统计年鉴》整理计算。

（二）劳动生产率

首先，国有控股企业的劳动生产率既高于国有独资企业，也高于其他内资企业。[①] 图3呈现了以2001年为基期进行价格调整后的各所有制类型工业企业的劳动生产率。从中可以看出，2003—2013年，国有控股企业的劳动生产率曲线每年均位于国有独资企业、私营独资企业和其他企业之上。2013年，国有控股企业的劳动生产

---

① 本报告以单位劳动实现的工业总产值来衡量企业的劳动生产率。2009年以后，《中国工业经济统计年鉴》只公布工业销售产值数据，不再提供工业总产值数据。因此，2009年以后，产出改用工业销售产值进行度量。

率为98.62万元/人,而国有独资、私营独资企业和其他企业的劳动生产率分别为90.47万元/人、80.15万元/人和71.38万元/人。

其次,2009年以来,国有控股企业劳动生产率均高于外商投资企业。从图3可以看出,2009年国有控股企业劳动生产率开始超过外商投资企业。2013年,外商投资企业的劳动生产率为89.17万元/人,不仅低于国有控股企业,也略低于国有独资企业。

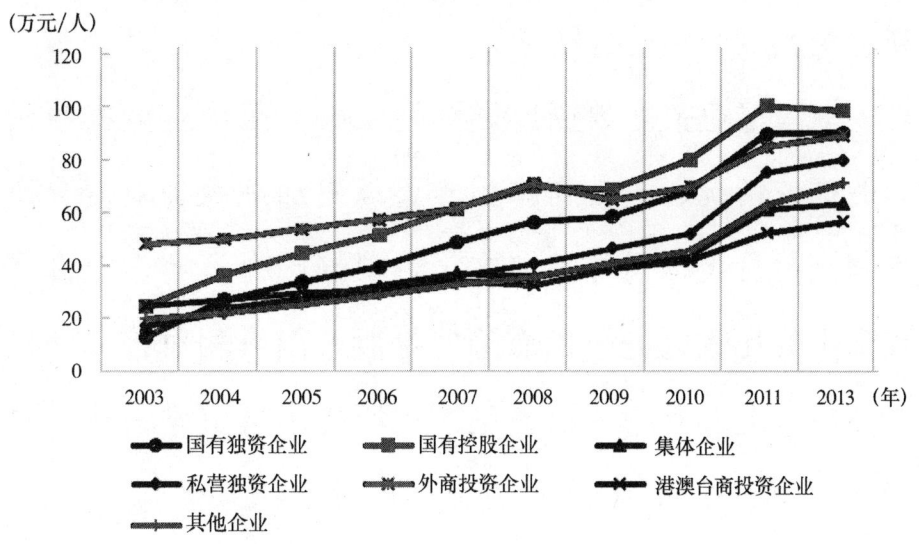

图3 分所有制类型的工业企业劳动生产率

数据来源:《中国工业统计年鉴》和《中国经济普查年鉴》。

(三) 全要素生产率

全要素生产率（TFP）综合反映了企业利用各种生产要素实现总产出的效果，因此一般是衡量效率的最重要的指标。在企业层面上，要素投入通常包含固定资产、劳动和工业中间投入，而产出则可以用工业总产值或销售产值来度量。在工业中间投入指标缺失时，可以使用固定资产、劳动和工业增加值数据替代性地对全要素生产率进行估计。在这一部分内容中，本报告使用LP方法来对企业生产率进行估计。

中国工业企业数据库详细地反映了每个企业实收资本的构成情况，这使得本报告可以更加细致地对混合所有制进行分类。具体地，本报告根据国有资本占全部实收资本的比重区分了国有绝对控股、国有相对控股和国有参股企业。其中，国有绝对控股指国有资本占比超过50%；国有相对控股对应于国有资本比重不足50%，但高于其他类型资本占比的情形；国有参股则对应于实收资本中包含国有资本，但国有资本未处于控股地位的情形。实收资本中国有资本为0的企业则被定义为非国有企业。根据实收资本构成中是否仅包含私营、集体以及外商和港澳台商资本，还可以进一步识别非国有企业中的私营独资企业、集体独资企业以及外商和港澳台商独资企业。受数据可得性的影响，本报告以1998—2007年数据对企业全要素生产率进行了估计。

根据工业企业数据库的全要素生产率估计结果，可以得到如下基本的统计性结论[①]：

1. 从1998—2007年企业的平均全要素生产率水平来看，国有独资与国有控股企业的生产率不仅低于外商独资或控股企业，也低于其他类型企业。如图4所示，1998—2007年，国有独资和国有控股企业的平均全要素生产率分别为1.28和1.36，而同一时期，外商独资或控股企业和私营企业的平均全要素生产率分别为1.44和1.39。从这一时期各类企业生产率的对比情况来看，国有独资企业与非国有企业在效率上差距明显，而国有控股企业效率虽明显低于外资企业，但与私营独资企业相比则并未存在巨大差异。

2. 分时期来看（图5），2002年之后，国有绝对控股和国有相对控股企业的效率不仅高于国有独资企业，而且也高

[①] 聂辉华和贾瑞雪（2011）的研究结果也支持了这一结论。

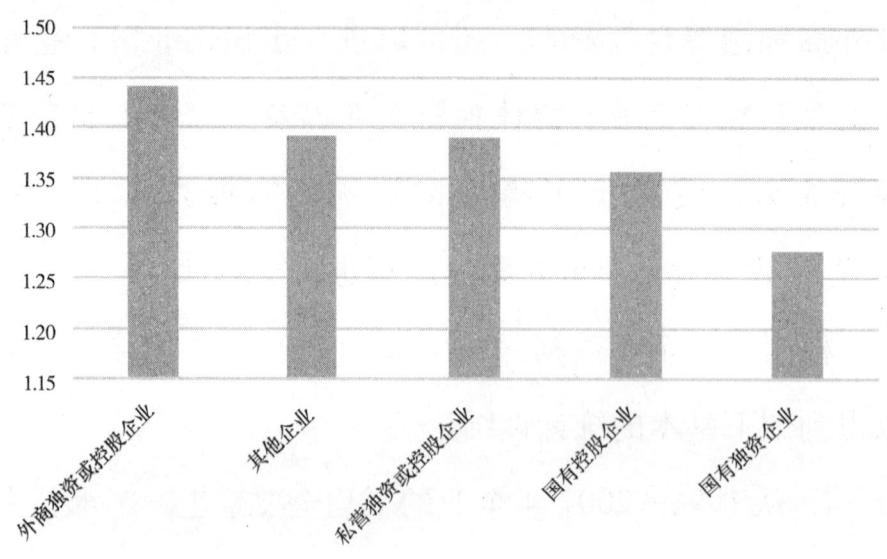

图4 1998—2007年分所有制类型的工业企业平均全要素生产率

数据来源：根据中国工业企业数据库数据测算。

于其他内资非国有企业。这种变化反映了"抓大放小"下国有企业整体效率的改善。2007年，国有绝对控股和国有相对控股企业的平均全要素生产率分别为1.57和1.56，基本不存在明显的差异，而当年国有独资企业和非国有企业的平均全要素生产率则分别为1.54和1.50。将非国有企业进一步细分为私营独资企业、外商独资或控股企业以及其他企业可以发现，上述各类企业2007年的平均全要素生产率分别为1.48、1.55和1.52。对比可知，除外商独资企业平均全要素生产率与国有控股企业大致持平外，其他类型企业的平均全要素生产率均略小于各类国有混合所有制企业。

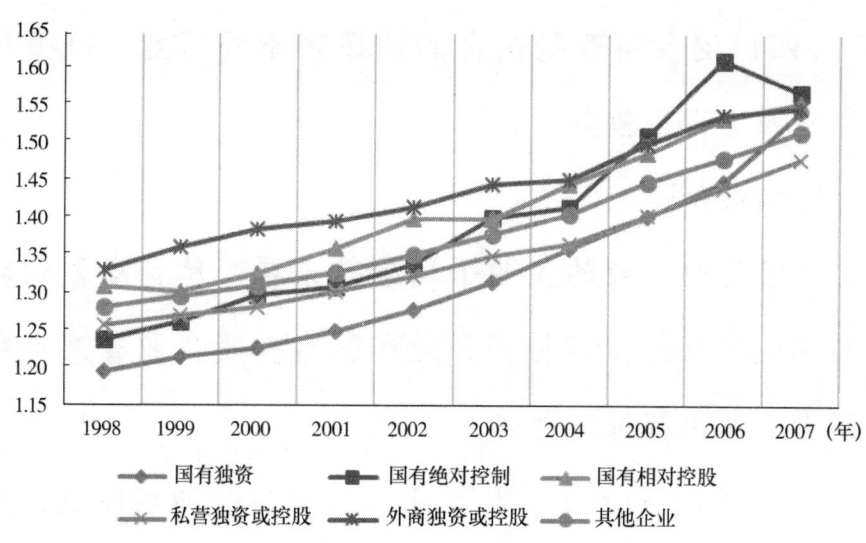

图 5　分所有制类型的工业企业平均全要素生产率

数据来源：根据中国工业企业数据库数据估计所得。

3. 国有独资和国有混合所有制企业比其他类型企业的技术进步速度更快。全要素生产率的增长率可以用来反映技术进步的速度。1998—2007 年，国有绝对控股和国有相对控股企业的全要素生产率年均增速分别为 2.68% 和 1.95%，低于国有独资企业 2.89% 的平均增速，但高于非国有企业 1.75% 的年均增速。同一时期，私营独资企业、外商和港澳台商独资企业以及非国有混合所有制企业的全要素生产率增速分别为 1.88%、2.03%、1.52% 和 1.85%，均低于国有独资和国有混合所有制企业的技术进步速度。

（四）混合所有制国企的效率在不同行业、规模和隶属关系上存在差异

1. 行业差异

从各工业行业的企业平均绩效来看，具有高盈利能力与高生产率的国有独资企业和国有控股企业普遍存在于具有垄断性特征的行业。

（1）利润率分布。2013年各工业行业国有控股企业销售利润率的分布如图6所示。从中可以看出，当年国有控股企业平均销售利润率在10%以上的行业，按照利润率由高到低排序分别为：石油和天然气开采业，家具制造业，酒、饮料和精制茶制造业，烟草制品业，有色金属矿采选业和医药制造业。其中，石油和天然气开采业，酒、饮料和精制茶制造业和烟草制品业都是具有典型行政性垄断和专营特征的行业。此外，医药制造业虽然不存在明显的和所有制相联系的进入壁垒，但从药品立项研发到最终销售需要获得一系列由国家食品药品监督管理总局审批的许可证、认证或批件，在行业资质和审批上较一般行业有更高的要求。

（2）全要素生产率分布。如图7所示，与利润率分布相似，1998—2007年，平均全要素生产率较高的国有

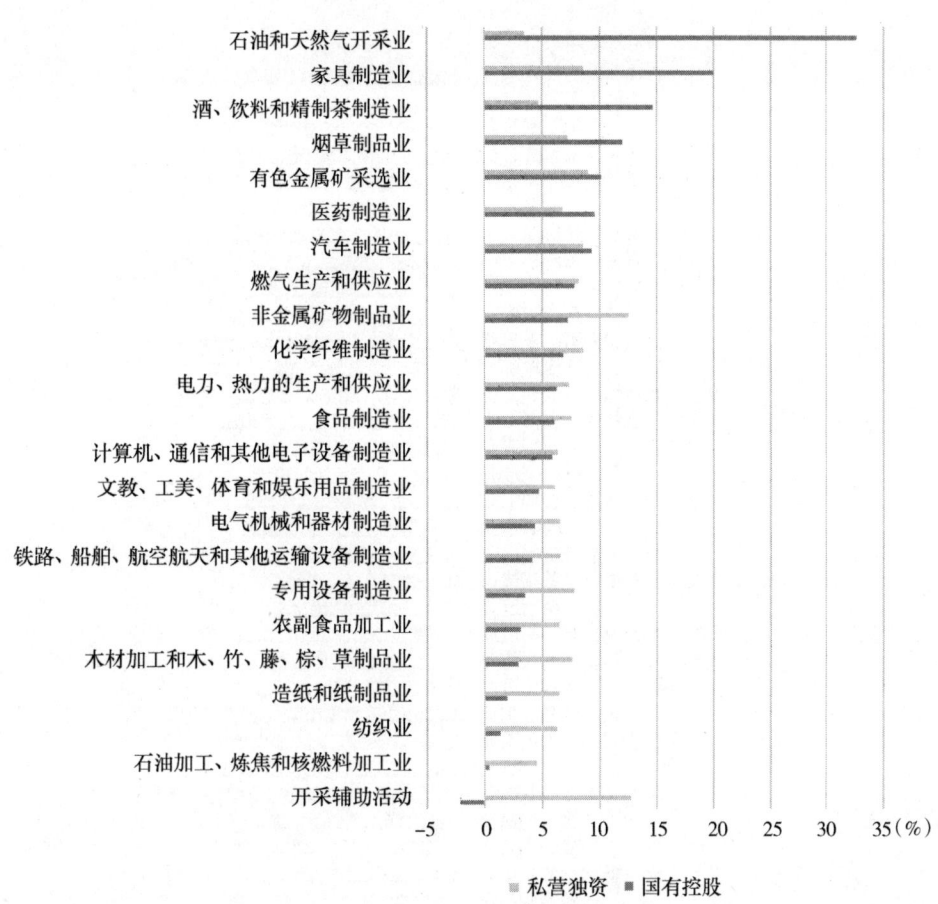

图6　2013年工业行业国有控股企业和私营独资企业销售利润率

数据来源：《中国工业经济统计年鉴》。

独资和国有控股企业同样主要分布于具有垄断特征的行业。图7按照国有控股企业平均全要素生产率对各行业进行了降序排列。其中，前10个行业基本都属于具有传统国有垄断特征的采掘业（如石油和天然气开采业）、具有自然垄断特征的电力、热力的生产和供应业与燃气生产和供应业，以及具有专营特征的烟草制品业。

16 国家智库报告

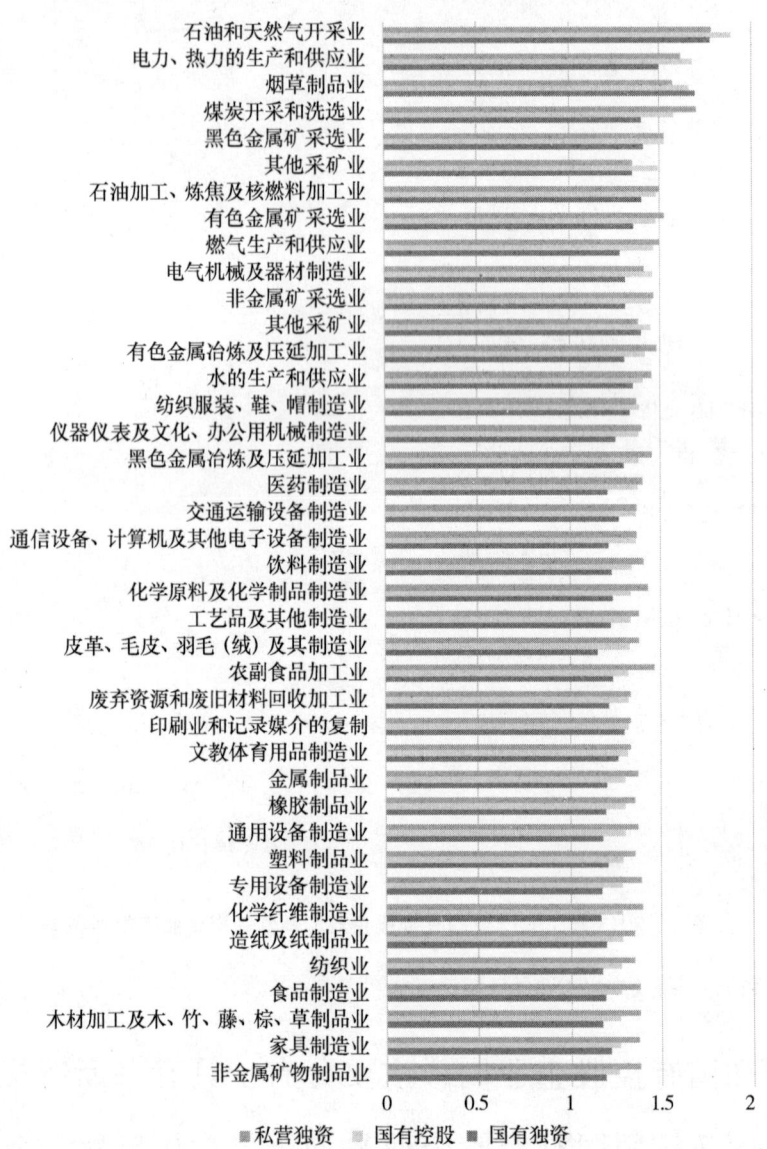

图7 各行业国有独资及国有控股企业1998—2007年平均全要素生产率

注：行业按照国有控股企业平均全要素生产率由高到低排列。

数据来源：根据中国工业企业数据库数据测算。

2. 企业规模间的生产率差异

企业规模与国有企业全要素生产率之间正相关。图8展示了1998—2007年，全国大中小型国有工业企业的平均全要素生产率。在此期间，大型、中型和小型国有独资企业的平均全要素生产率分别为1.70、1.43和1.24，呈现出随企业规模减小而递减的变化趋势。国有混合所有制企业的规模与效率之间具有同样的分布特征。大型、中型和小型国有绝对控股企业的平均全要素生产率分别为1.68、1.45和1.31，而大型、中型和小型国有相对控股企业的平均全要素生产率则分别为1.64、1.44和1.33，均表现出大企业更有效率的基本特征。

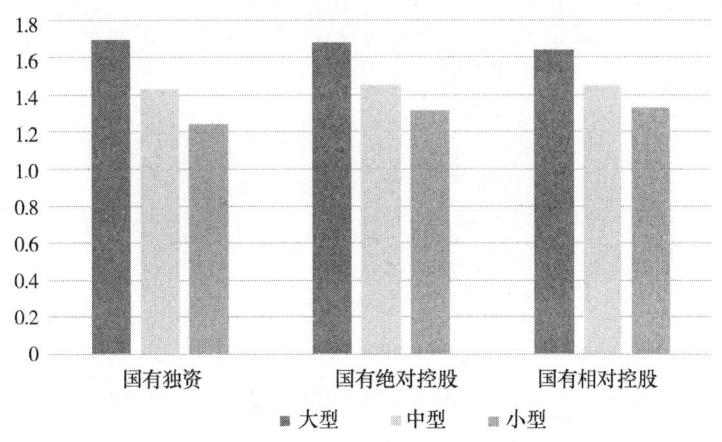

图8　1998—2007年全国大中小型国有工业企业平均全要素生产率

数据来源：根据中国工业企业数据库数据测算。

3. 中央企业和地方国有企业间差异

央企的盈利能力和生产率均优于地方国有企业。 2013年，央企平均销售利润率为6.12%，而地方国有企业销售利润率仅为4.18%（图9）。而在生产率方面，根据中国工业企业数据库的测算结果（图10），1998—2007年，中央企业中国有独资、国有绝对控股和国有相对控股企业的全要素生产率分别为1.392、1.614和1.559。同一时期，地方国有独资、绝对控股和相对控股企业的全要素生产率分别为1.266、1.339和1.385，均低于相应类型的中央企业。从这些数据也可以看出，无论是中央企业还是地方企业，国有控股企业的效率均高于国有独资企业。[①]

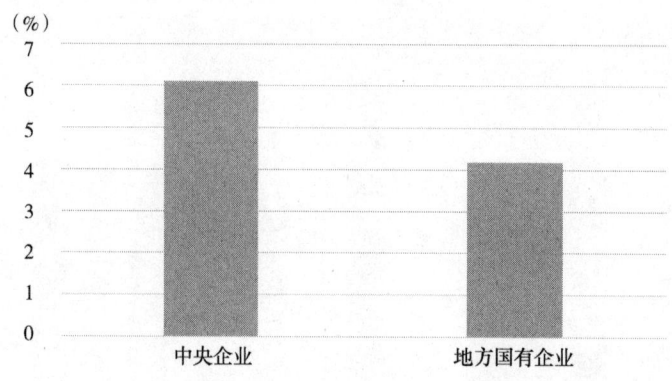

图9　2013年中央企业和地方国有工业企业平均销售率

数据来源：《中国工业经济统计年鉴》。

---

① 方明月（2014）也发现了国企的效率与行政级别显著正相关。

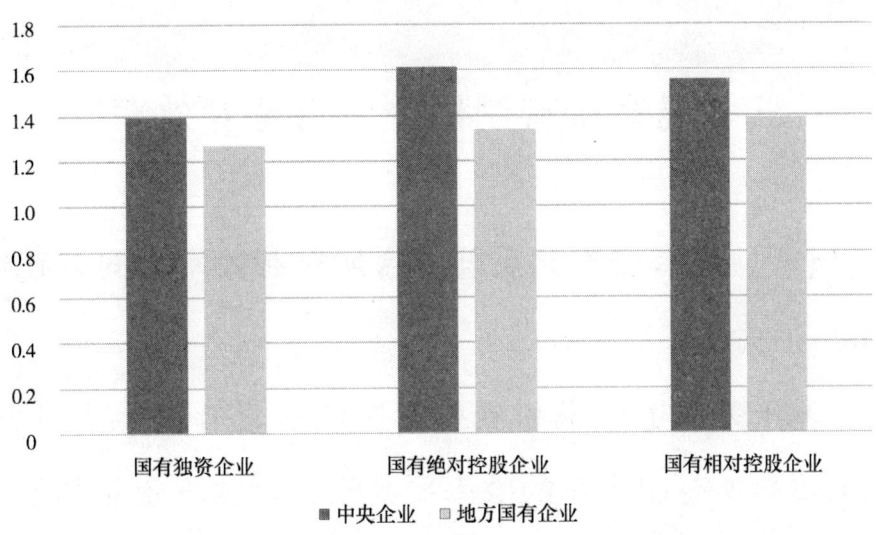

图10　1998—2007年中央和地方国有工业企业平均全要素生产率

数据来源：根据中国工业企业数据库数据测算。

三 混合所有制国企为何更有效率？

（一）国有资产比重与混合所有制效率之间存在倒"U"形关系

基于劳动生产率和全要素生产率的绩效排序表明，国有混合所有制企业的效率要高于国有独资企业和各类非国有内资企业。这一结果说明，生产率和国有资产比重之间并不是简单的单调关系。

这种统计上的结果暗示着效率随企业国有资产比重下降而先升后降的倒"U"形变化趋势。但是，统计上的相关性可能受到企业特征变量（如规模）在不同所有制之间的非对称分布的干扰。因此，在得到最终结论之前，有必要在控制企业特征变量的基础上对效率和所有制间的相关性进行检验。

本报告通过计量方法来检验效率和所有制间的相关性。计量方程中的被解释变量为生产率，解释变量为企业所有制形式和国有资产比重。估计中，将通过加入企业规模、年龄、资本—劳动比、出口状态、所属行业、所在省份和时间虚拟变量来控制企业特征因素的影响。

其中，企业规模以总资产的自然对数来衡量，资本—劳动比为企业人均固定资产的自然对数，年龄为报告期减去企业开业年，出口状态为反映企业是否出口的虚拟变量（如出口为正则等于1）。为避免共生性问题，规模、资本—劳动比和企业出口状态均滞后一阶。计量所使用的数据来自中国工业企业数据库。

表1　　　　　　　　　国有资产比重与效率

	（1）国有独资、控股和参股企业	（2）全样本	（3）全样本	（4）全样本
国有独资	-0.033***	-0.032***		
	(0.004)	(0.002)		
国有绝对控股	0.018***	0.013***		
	(0.005)	(0.002)		
国有相对控股	-0.000	-0.003		
	(0.012)	(0.009)		
国有参股		0.001		
		(0.003)		
私营独资		-0.013***		
		(0.001)		
集体独资		-0.002		
		(0.002)		
国有资产比重			-0.029***	0.018*
			(0.002)	(0.010)
国有资产比重平方				-0.048***
				(0.010)

续表

	（1） 国有独资、控股 和参股企业	（2） 全样本	（3） 全样本	（4） 全样本
规模	0.023***	0.028***	0.029***	0.029***
	(0.001)	(0.000)	(0.000)	(0.000)
资本—劳动比	0.001	-0.007***	-0.007***	-0.007***
	(0.001)	(0.000)	(0.000)	(0.000)
年龄	-0.002***	-0.002***	-0.002***	-0.002***
	(0.000)	(0.000)	(0.000)	(0.000)
出口状态	-0.004	-0.001	-0.000	-0.000
	(0.004)	(0.001)	(0.001)	(0.001)
时间项1999	-0.228***	-0.209***	-0.204***	-0.204***
	(0.006)	(0.002)	(0.002)	(0.002)
时间项2000	-0.220***	-0.197***	-0.194***	-0.194***
	(0.005)	(0.001)	(0.001)	(0.001)
时间项2001	-0.209***	-0.184***	-0.181***	-0.182***
	(0.005)	(0.001)	(0.001)	(0.001)
时间项2002	-0.185***	-0.155***	-0.153***	-0.153***
	(0.005)	(0.001)	(0.001)	(0.001)
时间项2003	-0.161***	-0.132***	-0.131***	-0.131***
	(0.005)	(0.001)	(0.001)	(0.001)
时间项2004	-0.130***	-0.108***	-0.107***	-0.107***
	(0.005)	(0.001)	(0.001)	(0.001)
时间项2005	-0.088***	-0.069***	-0.069***	-0.069***
	(0.005)	(0.001)	(0.001)	(0.001)
时间项2006	-0.032***	-0.035***	-0.037***	-0.037***
	(0.005)	(0.001)	(0.001)	(0.001)
N	221326	1427745	1417803	1417803

注：括号中为标准差；*、**和***表示在1%、5%和10%的水平上显著。

计量结果证明了效率和所有制间的倒"U"形关系。

首先，从所有制角度来看，国有相对控股企业的效率不仅高于国有独资企业，而且与其他各类非国有企业之间并不存在效率上的显著差距。表1列（1）以国有独资、控股和参股企业为样本对企业效率进行了比较，对照组为国有参股企业。其中，国有独资企业的系数显著为负；国有绝对控股和相对控股的系数结果均不显著。这一结果说明，国有独资企业的效率不仅低于国有参股企业，也低于国有绝对控股和相对控股企业；国有绝对控股和相对控股企业的效率虽高于国有参股企业，但这种差异在统计上并不显著。表1列（2）进一步将样本拓展至了所有企业，所有制的对照组为非国有混合所有制和外商独资企业。从估计结果来看，国有独资的系数符号仍为负值，且在统计上显著；国有绝对控股和国有参股的系数均显著，且它们的效率与非国有混合所有制和外商独资企业相比略低；国有相对控股企业的系数虽然为负，但在统计上不显著，说明该类企业效率与对照组企业效率并无显著差异。此外，列（2）中，私营企业的系数估计值为-0.013，不仅在统计上显著，而且小于国有控股企业和参股企业的系数估计值。这些结果综合在一起说明，国有混合所有制效率高于国有独资和私营独资企业，且国有相对控股企业在国有企业和国有控股企业中效率最高。

其次，国有资产比重与全要素生产率之间呈倒"U"形关系。在表1列（3）中，国有资产比重系数符号显著为负，而在列（4）中进一步加入国有资产比重的平方项后，其符号变为正，且仍然具有一定的显著性；列（4）中国有资产比重的平方项为负。这说明在企业国有资产比重下降的过程中，全要素生产率将先升后降，从而呈现出倒"U"形的变化趋势。从列（4）的估计结果来看，国有资产比重对全要素生产率的边际效应为 0.018 - 0.096 × 国有资产比重。根据这一估计结果，全要素生产率与国有资产比重间倒"U"形关系的拐点大约在19%处。

（二）混合所有制为何更有效率？

前文的结论表明，国有混合所有制效率高于国有独资和私营独资企业，且国有相对控股企业在国有混合所有制企业中效率最高。这种效率排序是两类因素相互作用的结果。首先，国有部门的市场势力和获取信贷资金的优势有助于其在相同条件下实现更高效率。其次，在其他条件相同的前提下，企业中非国有经济比重的提高则倾向于增进企业生产率。在这两种因素的综合作用下，国有资产比重下降在趋向于提高企业效率的同时，也意味着企业市场势力的下降和融资约束的增强，从而使得效率随国有资产比重的下降呈现出非线性的变化。

1. 信贷市场上的所有制差异

国有部门和民营部门在信贷资金获取上面临着不对称的融资约束。这主要表现在私营企业相对而言更难以获得较大额度和较长期限的贷款，并且在贷款成本上高于国有企业。目前，银行信贷仍然是我国企业外部融资的最主要形式，而国有商业银行在信贷资金配置中仍然居于重要地位。在这一背景下，所有制因素之所以成为影响银行信贷资金配置的重要因素，其原因有两个方面。首先，国有企业是政府实现政策性目标的重要载体，而政府会在国有企业面临财务风险时予以帮助，这就相当于为国有企业的信贷提供了隐性担保。其次，国有企业大多具有较长的经营历史，与国有银行之间存在更为稳定的长期合作关系，而这有利于缓解信贷资金配置中的信息不对称问题。

信贷资金配置上的所有制差异使得私营企业承担了更高的融资成本。为近似反映企业的平均债务融资成本，本报告计算了各企业利息支出占总负债的比重。从结果来看（图11），2013年，私营独资企业的平均债务融资成本为3.54%，显著高于其他各类企业；国有独资企业和国有控股企业的平均债务融资成本分别为2.23%和2.56%，不仅明显低于私营独资企业，也小于非国有内资混合所有制企业。

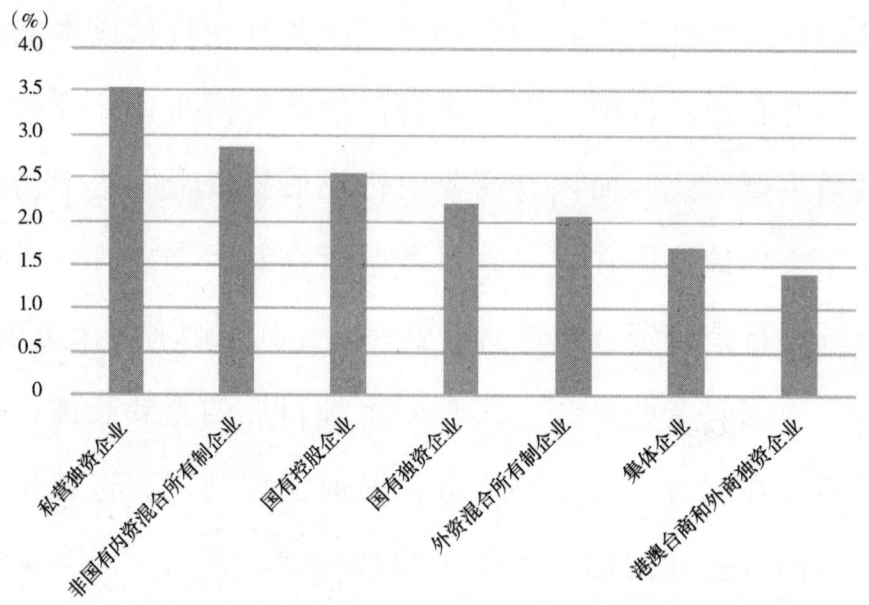

图11　2013年不同所有制类型企业的利息支出与总负债之比

数据来源：根据《中国工业经济统计年鉴》有关数据计算。

另一个资金获取上的所有制差异表现在补贴的获取上。无论从补贴的绝对金额还是补贴强度来看，国有独资企业和国有混合所有制企业都要高于非国有混合所有制企业和私营独资企业。首先，补贴对于企业来说是一种无成本的资金来源。其次，对于国有企业而言，补贴的一个重要目的是弥补政策性负担给企业所造成的损失。根据中国工业企业数据库的数据，1998—2009年，国有独资企业、国有绝对控股企业、国有相对控股企业和国有参股企业，平均每个企业获得的补贴金额分别为63.12万元、56.75万元、105.06万元和69.28万元，而其他混合所有制企业以及私营独资企业获得的平均补贴金额仅为29.41万元和9.18万元。从补贴强度（补贴占工业销售额的比重）来看，在所有获得补贴的企业中，国有独资企业为5.03%；国有绝对控股企业、国有相对控股企业和国有参股企业的补贴强度分别为0.92%、0.56%和0.64%；其他混合所有制企业、私营独资企业以及港澳台商和外商独资企业的补贴强度分别为0.31%、0.21%和0.13%。这些数据也表明，国有独资企业和国有混合所有制企业获得了比非国有企业更大力度的补贴，并且对国有部门的补贴主要侧重于国有独资企业。

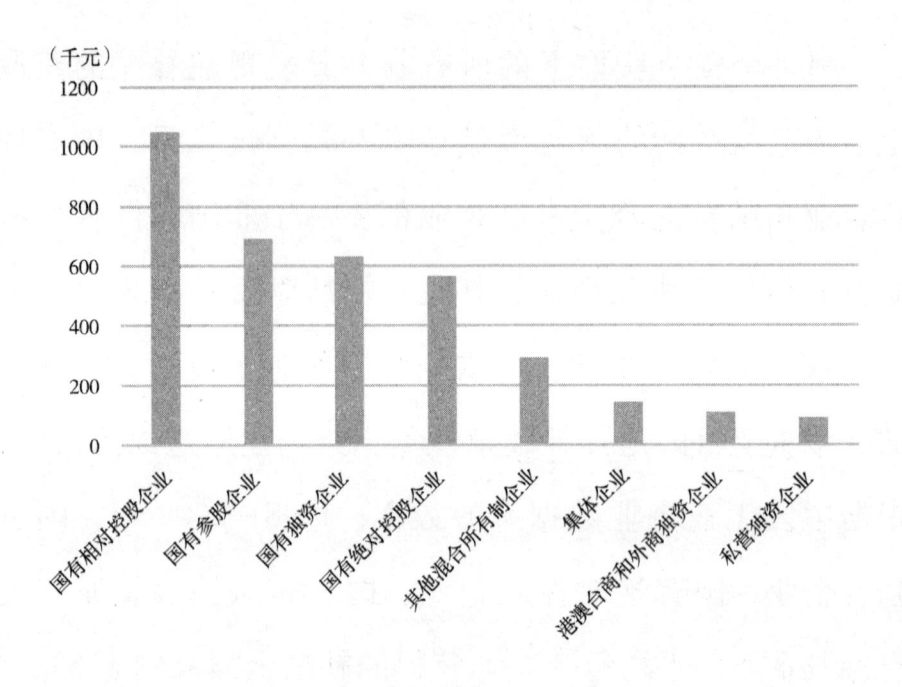

图 12　不同所有制类型企业获得的补贴

数据来源：根据中国工业企业数据库计算。

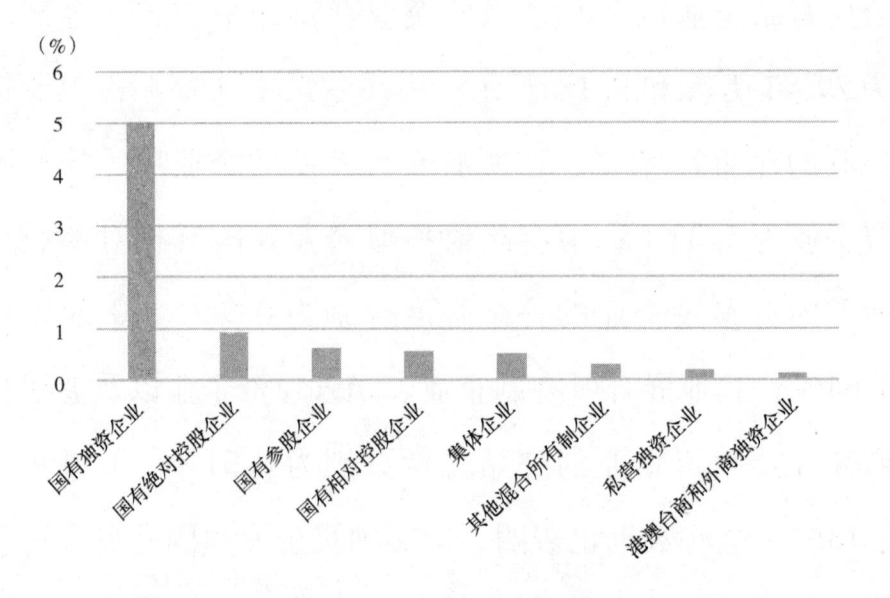

图 13　不同所有制类型企业所得补贴占销售收入的比例

数据来源：根据中国工业企业数据库计算。

国有企业与私营企业在投资—现金敏感性上亦有显著差异。难以获得外部资金的企业不得不更多地通过内部融资方式来筹集资金。因此，企业投资对现金流的敏感性被视为一个反映企业整体外部资金使用障碍的经济指标。本报告计算了不同所有制类型工业企业的投资—现金流敏感性指数。① 该指数的取值既可为正，也可为负，取值越大则表明企业面临越强的融资约束。从图14的结果来看，除港澳台商和外商独资企业外，国有独资企业和国有绝对控股企业具有最低的投资—现金流敏感性指数；各类混合所有制企业的投资—现金流敏感性指数均为负数，但总体来看，国有混合所有制企业的投资—现金流敏感性程度更低；私营独资企业则表现出正的投资—现金流敏感性。这些结果说明，国有独资企业和国有混合所有制企业基本没有面临很强的融资约束，而私营企业在获取外部资金上则存在明显的障碍。

信贷资金配给理论认为，银行出于规避违约风险的考虑，不会单纯根据利率支付意愿的高低来配置信贷资金，而是往往根据企业抵押能力和有无担保等条

---

① 计算方法与过程参见附录1。

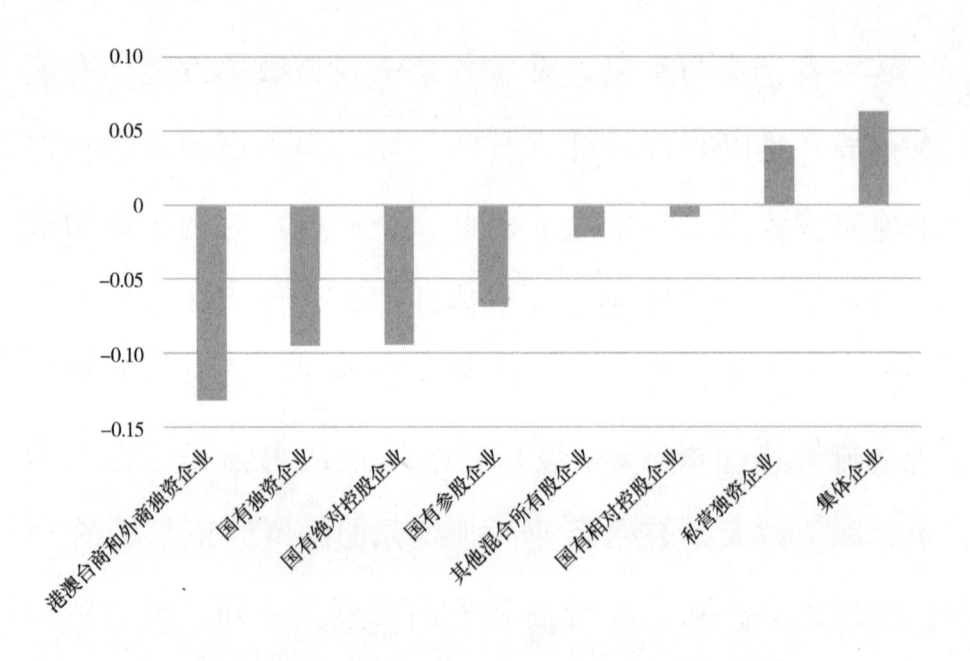

图 14　不同所有制类型企业的投资—现金流敏感性指数

数据来源：根据中国工业企业数据库计算。

件来决定信贷资金的投放。平均而言，国有企业具有更大规模和更强的资产抵押能力，与国有商业银行的长期合作也有助于降低双方的信息不对称，这使得银行在为国有企业提供贷款时面临更低的风险。由此引申出的问题是，国有企业和民营企业之间融资约束上的差异是纯粹的"所有制歧视"，还是信贷资金配给的一种表现形式？近期的一些研究表明，中国国有企业与非国有企业间的信贷资金配置差异主要源于禀赋差异（白俊、连立帅，2012；荀琴等，2014）。这一结论倾向于否定"所有制歧视"论。

2. 市场势力

市场势力衡量了企业影响价格的能力。更强的市场势力意味着同样的产品可以按照更高的价格出售。由于全要素生产率的测算中无法使用企业产量指标，只能以工业销售产值替代，因此这一生产率的测算结果不可避免地要受到企业市场势力的影响。同样地，由于企业利润等于销售收入与成本之差，因此利润率指标同样会受到市场势力因素的影响。通常而言，国有企业相比于民营企业有更强的市场势力，这就使得国有企业的绩效相对更容易受到价格因素的影响。

从工业企业的行业分布来看，国有独资企业以及各种与国有经济相关的混合所有制企业分布在市场集中度相对更高的行业。图15展示了不同所有制类型企业所在行业的HHI指数的均值。从中可以看出，私营独资企业所处行业的HHI指数均值最低。这说明私营独资企业所属行业的平均竞争程度最高。国有独资企业、国有相对控股企业以及国有参股企业所属行业的HHI指数则明显高于其他所有制类型的企业，反映出这些企业所属行业的竞争程度相对较低。

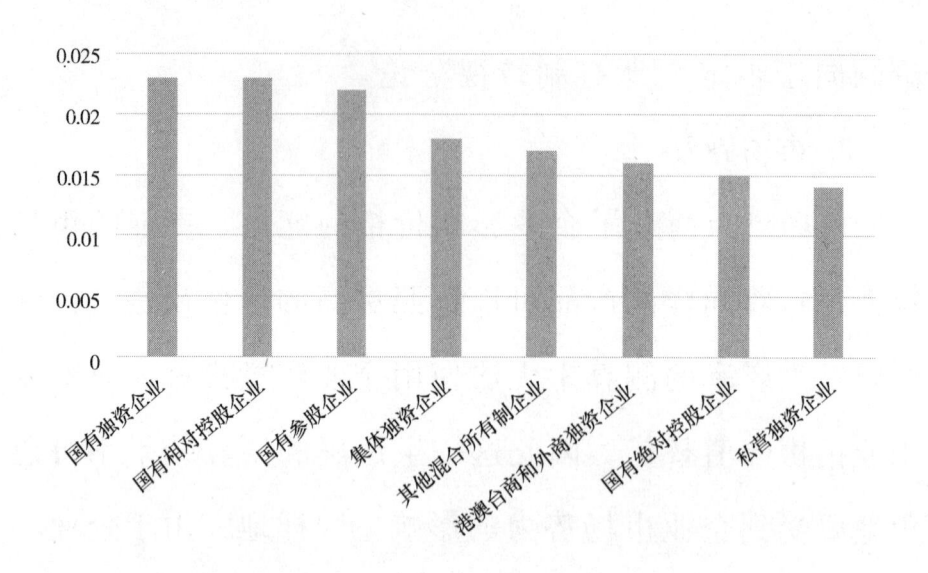

图 15　不同所有制类型企业所在行业的 HHI 指数

数据来源：根据中国工业企业数据库计算。

从工业企业个体的市场势力来看，国有独资企业和各种与国有经济相关的混合所有制企业较其他类型企业而言有更强的市场势力。从图 16 中可以看出，平均价格加成率在国有独资企业、国有绝对控股企业、国有相对控股企业、国有参股企业、其他非国有混合所有制企业和私营独资企业之间按照严格的降序排列。[①] 这表明对这些企业而言，国有资产比重和企业市场势力之间负相关。

---

① 价格加成率衡量了企业提高价格的能力。价格加成率越高则企业市场势力越强。价格加成率的测算方法和过程可以参见附录 2。

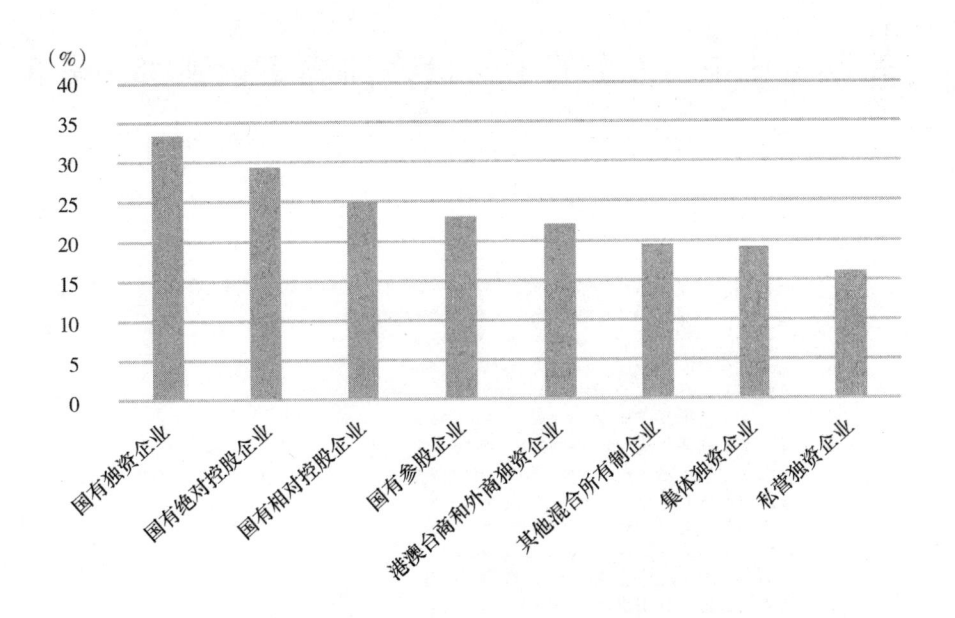

图16　不同所有制类型企业边际成本上的价格加成率

数据来源：根据中国工业企业数据库计算。

国有独资企业和国有混合所有制企业在行政性垄断行业和具有自然垄断特征的行业中具有最高的价格加成率。图17列出了国有独资和国有混合所有制企业价格加成率最高的前15个工业行业。其中，前10个行业均为采掘业、烟草制造业以及电力、热力、燃气和水的生产和供应业等传统国有垄断行业。

此外，央企的市场势力明显强于地方国有企业。1998—2009年中国工业企业数据库的测算表明，就国有独资企业而言，虽然央企与地方国有企业的价格加成率基本相当（分别为32.4%和33.0%），但在国有绝对控股和相对控股企业中,央企的平均价格加成率达到 38.6% 和 36.2%,均明显高于地方国有企业(25.5% 和 26.1%)。

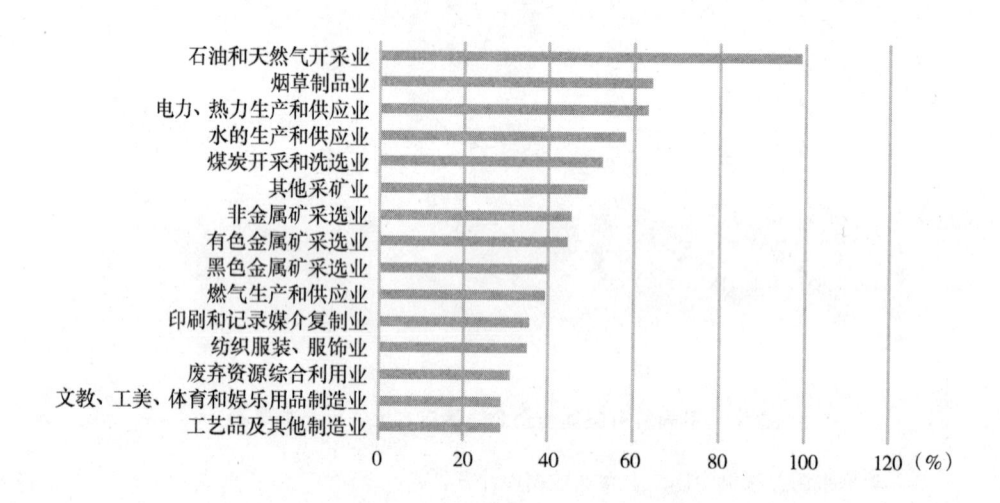

图17 国有独资和国有混合所有制企业价格加成率最高的前 15 个工业行业

数据来源:根据中国工业企业数据库整理和计算。

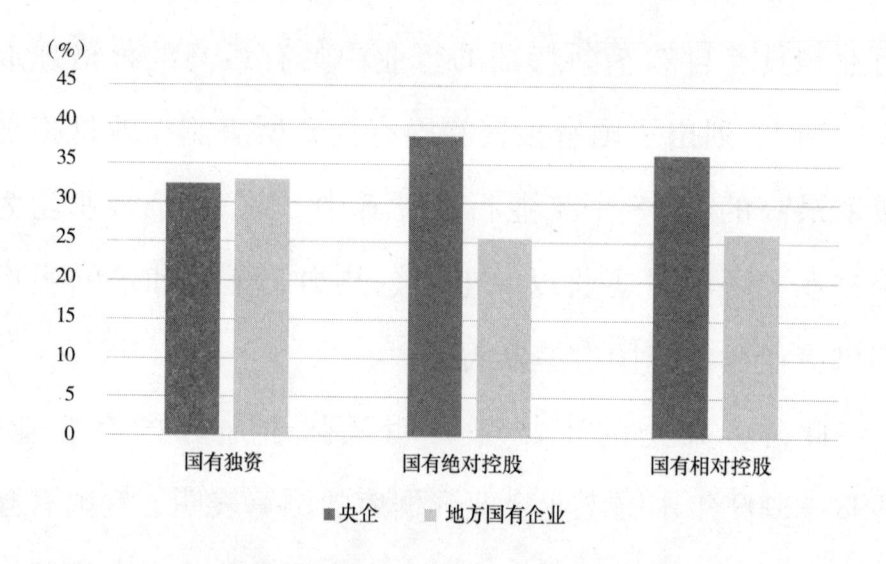

图18 央企和地方国有企业价格加成率对比

数据来源:根据中国工业企业数据库整理和计算。

3. 国有企业的多级委托—代理与多任务目标

与民营企业相比,国有企业的效率主要受到两个因素的负面影响:多级委托—代理与多任务目标。

多级委托—代理问题源自国有企业全民所有的产权属性。全民所有权由国家代为行使,但不论是全民还是国家,都是抽象的概念,所有权和委托人职能只能借助政府行政体系来实现。因此,国有企业的委托—代理问题与所有权与经营权相分离的股份制企业有很大不同。非国有股份制企业中,股东作为委托人对企业资产有明确的所有权。而在国有企业中,全民和国家并不能直接作为有效的委托人,而是通过政府部门对国有资产进行管理,从而形成了全民—国家—政府—企业的多层次委托代理关系。与非国有股份制企业相比,这一委托代理层次更多,从而导致了激励和监督成本的上升。此外,在这一委托—代理链条中,全民和国家并不是能够有效行使所有权的自然人或法人,而政府作为其代理人则并不具有国有资产所有权。这种事实上的所有者缺位导致在这一委托代理关系中,缺少一个有充分动机对代理人进行有效激励和监督的最终委托人。

由于作为所有者的委托人缺位，政府成为事实上的国有资产的实际管理者，而这使得除经济目标外，国有企业往往还被赋予一定的政治目标，以及保证就业、维护地区稳定的社会目标。这些目标包括控制产出品价格、落实国家宏观调控政策、保证就业和社会稳定。例如，在吸纳就业方面，根据本报告的估算，在控制企业规模、年龄、行业和地区的前提下，国有独资企业和各类国有混合所有制企业的平均职工人数较其他非国有企业要高出52.46人。国有企业还往往被地方政府视为实现地区经济增长的重要载体。受地方平台信贷资金额度收紧的影响，国有企业逐渐成为地方政府举债的新主体。根据2013年《全国政府性债务审计结果》，截至2013年6月，国有独资或控股企业举借的地方政府性债务余额（包括或有债务）达3.14万亿。[①] 另一方面，国有企业还是地方政府实现以投资拉动经济增长的重要渠道。例如，程仲鸣（2008）和唐雪松等（2010）均观察到，出于地区GDP增长的考虑，地方政府存在着干预地方国有企业投资行为的动机，并往往导致地方国企的过

---

① 资料来源：http：//www.audit.gov.cn/n1992130/n1992150/n1992500/3432077.html。

度投资。

通过混合所有制，可以在一定程度上缓解多级委托—代理和政企不分所导致的效率损失。

(三) 对国有资产比重和效率的再检验

上文的分析说明，市场势力和融资约束均会影响不同所有制企业之间的效率比较。平均而言，国有企业有更强的市场势力和获取信贷资金的能力。在其他因素都相同的前提下，这倾向于使国有经济在生产率比较中占优。

因此，本部分基于中国工业企业数据库，在进一步考虑市场势力和融资约束因素的基础上，考察国有资产比重与生产率之间的关系。这里的研究样本包含了各类所有制类型的企业，并将考察的重点集中于国有资产比重及其二次项。

表2　　　　　　　　对国有资产比重和效率的再检验

	(1)	(2)	(3)	(4)	(5)	(6)	(7)
国有独资	-0.042***	-0.038***	-0.050***				
	(0.002)	(0.002)	(0.002)				
国有绝对控股	0.007***	0.005**	-0.003				
	(0.002)	(0.002)	(0.002)				

续表

	(1)	(2)	(3)	(4)	(5)	(6)	(7)
国有相对控股	-0.010	-0.001	-0.011				
	(0.009)	(0.009)	(0.009)				
国有参股	-0.002	-0.000	-0.003				
	(0.003)	(0.003)	(0.003)				
私营独资	-0.013***	-0.010***	-0.011***				
	(0.001)	(0.001)	(0.001)				
集体独资	-0.001	-0.002	-0.001				
	(0.002)	(0.002)	(0.002)				
国有资产比重				0.012	0.018*	0.011	0.015
				(0.010)	(0.010)	(0.010)	(0.010)
国有资产比重平方项				-0.053***	-0.057***	-0.061***	-0.050***
				(0.010)	(0.010)	(0.010)	(0.010)
市场势力	0.132***		0.145***	0.128***		0.141***	
	(0.001)		(0.001)	(0.001)		(0.001)	
投资—现金流敏感性指数		-0.014***	-0.012***		-0.013***	-0.011***	
		(0.001)	(0.000)		(0.001)	(0.000)	
总资产	0.030***	0.028***	0.031***	0.031***	0.029***	0.032***	0.028***
	(0.000)	(0.000)	(0.000)	(0.000)	(0.000)	(0.000)	(0.000)
资本—劳动比	-0.007***	-0.007***	-0.007***	-0.007***	-0.007***	-0.007***	-0.007***
	(0.000)	(0.000)	(0.000)	(0.000)	(0.000)	(0.000)	(0.000)
年龄	-0.002***	-0.002***	-0.002***	-0.002***	-0.002***	-0.002***	-0.002***
	(0.000)	(0.000)	(0.000)	(0.000)	(0.000)	(0.000)	(0.000)
出口状态	-0.003***	0.002**	0.001	-0.002**	0.002**	0.001	0.000
	(0.001)	(0.001)	(0.001)	(0.001)	(0.001)	(0.001)	(0.001)
N	1424113	1176223	1174148	1414279	1169223	1167209	1393982

注：列（1）—（6）使用全样本进行估计，列（7）则排除了央企；*、**和***表示在1%、5%和10%的水平上显著。

从表2的计量结果可以发现：

1. 市场势力的系数估计值均正显著，即市场势力与全要素生产率显著正相关。正如前文所预期的那样，由于全要素生产率的测算使用的是包含价格因素的工业销售额，因此在相同条件下，高市场势力的企业利用生产要素实现收入的能力更强。

2. 投资—现金流敏感性指数的系数估计值均负显著，说明融资约束对全要素生产率有显著的负面影响。

3. 控制市场势力和投资—现金流敏感性指数后，国有控股企业不再拥有效率上的优势。从列（1）—（3）的结果可以看出，与表1相比，控制市场势力和投资—现金流敏感性指数后，国有独资企业、国有绝对控股企业、国有相对控股企业和国有参股企业的系数估计值均出现了不同程度的下降。特别地，从列（1）和列（3）可以看出，在控制企业市场势力后，而国有独资企业、国有绝对控股企业、国有相对控股企业和国有参股企业的系数估计值则整体上呈现出由低至高的规律性变化趋势。这些结果说明，进一步考虑市场势力和融资约束后，国有控股企业的效率优势不再存在；随着国有股权比例的下降，企业效率呈现出单调的递增趋势。

4. 控制市场势力和投资—现金流敏感性指数后，国有资产比重对效率的正面影响被削弱。这表现在三个方面。首先，控制投资—现金流敏感性后［列（5）］，效率—国有资产比重的倒"U"形关系的拐点左移（对比表1的结果）。其次，控制市场势力后，国有资产比重的系数不再显著。此时，国有资产比重的提高对效率只有负面影响。最后，排除国有企业中具有更强市场势力的央企后，国有资产比重的系数同样不再显著。

上述结果说明，国有资产比重对效率的正面影响主要来自与国有经济相联系的市场势力和低融资约束。进一步的估算表明，就国有独资和国有控股企业而言，市场势力对生产率的贡献为14%，而融资约束对生产率的贡献率则不到1%。这说明市场势力是国有企业效率的主要来源。

（四）小结

在理解混合所有制效率上，上述研究结果表明：

1. 非国有经济成分的引入使得国有混合所有制比国有独资企业更有效率。其原因可能在于，非国有所有制成分的引入缓解了所有者缺位和政府干预对企业效率的负面影响。

2. 国有混合所有制企业比民营企业更有效率的原因在于其较高的市场势力和较低的融资约束。从这个意义上来说，混合所有制是民营经济进入传统国有垄断行业，缓解资源约束的重要途径。

因此，国有混合所有制企业的有效性是维持国有经济部门现有地位下的一种次优的资源配置方案。混合所有制改革是在不从根本上改变政府对国有企业控制权前提下的一种"渐进式"和折中性改革。它将国有经济部门的市场势力和资源优势与非国有部门的管理效率相融合，实现了比国有独资企业和非国有企业更高的效率。

四　从公司治理视角探析混合所有制国企绩效

（一）股权集中度与上市公司绩效

1. 描述性统计

在国有混合所有制上市企业中，国有股股权集中程度越高，则企业有更高的生产率。根据国泰安上市公司数据，2003—2014年，国有混合所有制的上市公司中，国有股在所有股份中所占比重平均为35.60%，而国有控股公司的平均国有股比重则达到42.71%。从这个比例来看，总体上国有股的集中程度是比较高的。从图19可以看出，随着国有股股权集中程度的增加，国有混合所有制企业的全要素生产率相应上升：国有股股权比重为0—20%时，企业平均全要素生产率为65.105；国有股股权比重为20%—40%时，平均全要素生产率为70.386；国有股股权上升至80%—100%时，企业平均全要素生产率为94.504。

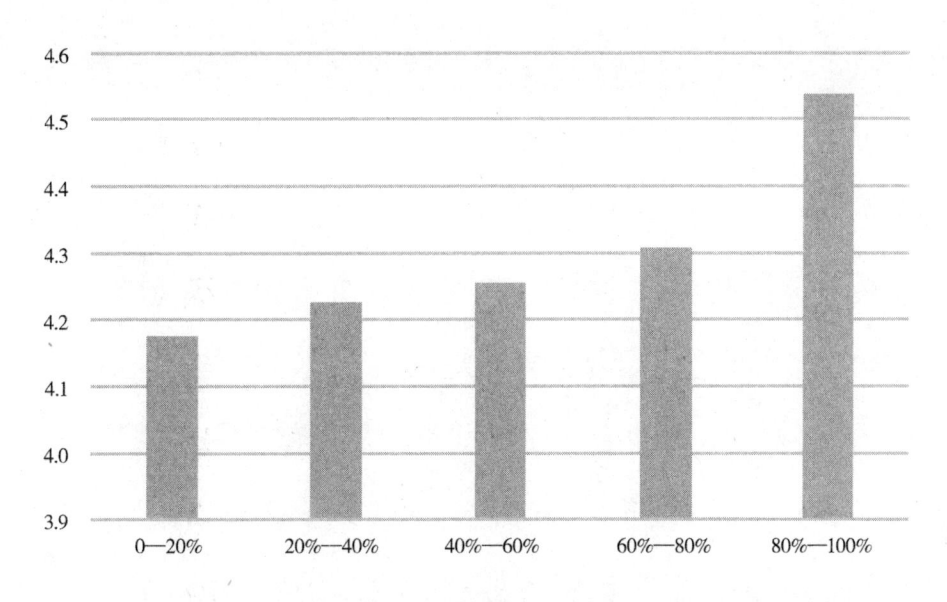

图 19　全要素生产率（自然对数）在不同国有股权集中程度间的分布

数据来源：根据国泰安上市公司数据计算和整理。

在国有混合所有制上市公司中，非国有股的股权集中程度同样与全要素生产率正相关。本报告将非国有股股权集中度定义为前三大非国有股持股方的股权比重之和。从图 20 可以看出，虽然在 0—60% 这一区间内生产率的波动幅度较小，但随着非国有股股权集中度的进一步提高，生产率均值显著上升。非国有股股权集中度为 40%—60% 时，企业平均全要素生产率为 68.449；非国有股股权集中度处于 60%—80% 的企业，平均全要素生产率为 78.335；非国有股股权集中度为 80%—100% 时，企业平均全要素生产率为 113.182。

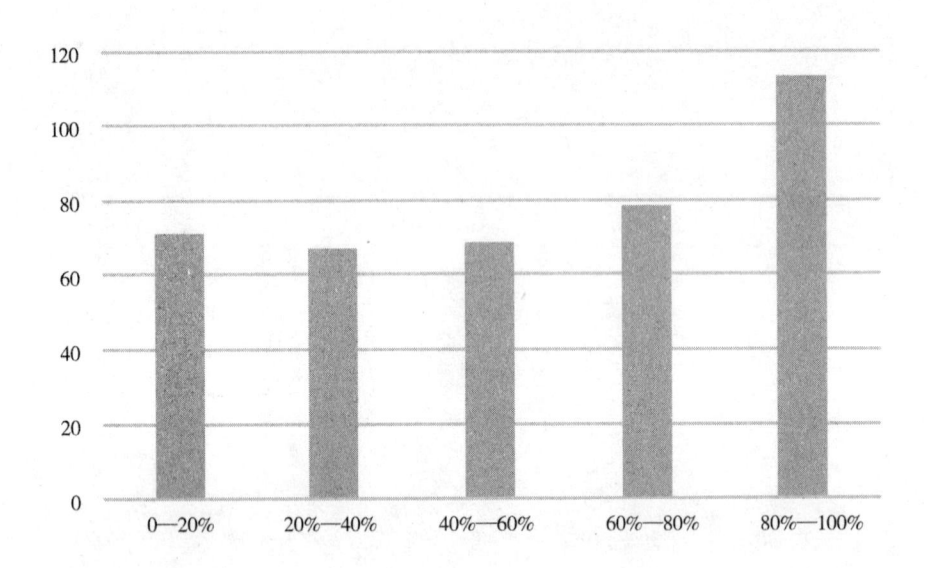

图20　全要素生产率（自然对数）在不同控股方国有股权集中程度间的分布

数据来源：根据国泰安上市公司数据计算和整理。

2. 计量检验

本报告进一步通过计量分析来检验国有股股权集中度和非国有股股权集中度对企业生产率的影响。计量所使用的数据来自于国泰安和万德的2002—2014年的上市公司数据。

在这里的研究中，生产率仍然使用企业的全要素生产率进行度量，而主要的解释变量则为各类股权的集中程度；同时，估计中还通过加入价格加成率和企业利息支出与总负债之比来控制市场势力和融资约束对效率的影响；估计中，为避免共生性问题，价格加成率、企业利息支出与总负债之比和规模均滞后一期。① 表3报告了主要的估计结果，表4进一步对系数估计值的大小进行了比较。

表3　　　　　　　　　　　股权集中度与生产率

	(1)	(2)	(3)	(4)	(5)	(6)
国有股股权比重	0.117*** (0.040)				0.312*** (0.056)	
国家股股权比重		−0.078 (0.049)				0.202*** (0.064)
国有法人股股权比重			0.143*** (0.033)			0.351*** (0.059)
非国有股股权集中度				0.107* (0.062)	0.378*** (0.085)	0.388*** (0.085)
价格加成率	0.054*** (0.008)	0.055*** (0.008)	0.054*** (0.008)	0.054*** (0.008)	0.053*** (0.008)	0.053*** (0.008)
利息支出/总负债	0.662 (0.589)	0.656 (0.595)	0.656 (0.592)	0.653 (0.599)	0.639 (0.605)	0.632 (0.608)
规模	0.055*** (0.016)	0.058*** (0.016)	0.056*** (0.016)	0.058*** (0.016)	0.053*** (0.015)	0.054*** (0.015)
资本—劳动比	−0.003 (0.011)	−0.003 (0.011)	−0.004 (0.011)	−0.003 (0.011)	−0.002 (0.011)	−0.002 (0.011)

① 估计使用了LP方法。估计中，产出、资本、劳动和中间投入分别以主营业务收入、固定资产总额、年平均职工人数和购买商品和劳务的支付来衡量。

续表

	（1）	（2）	（3）	（4）	（5）	（6）
年龄	0.036***	0.033***	0.035***	0.033***	0.035***	0.034***
	（0.003）	（0.003）	（0.003）	（0.003）	（0.003）	（0.003）
N	8667	8667	8667	8664	8664	8664

注：被解释变量为全要素生产率的自然对数。括号中为标准差。本表的估计样本为国有控股或参股的上市公司；*、**和***表示在1%、5%和10%的水平上显著。

表4　　　　　　　　　股权集中度边际效应的比较

边际效应之差	差值	标准差	p值
国有法人股股权比例—国家股股权比例	0.149	0.050	0.003
非国有股股权集中度—国有股股权比例	0.066	0.060	0.269
非国有股股权集中度—国家股股权比例	0.186	0.081	0.022
非国有股股权集中度—国有法人股股权比例	0.037	0.058	0.521

以上计量结果说明：

第一，总体上来说，国有股股权集中度越高的企业，全要素生产率也越高。在表3的列（1）和列（5）中，国有股股权集中度的系数估计值均正显著。这说明无论是否考虑非国有股股权集中度的影响，国有股股权集中度的提高均有利于企业效率的改进。

第二，非国有股股权集中度与全要素生产率同样存在着正相关关系。在列（4）—（6）中，无论是否控制国有股股权集中因素，非国有股股权集中度的系数估计值都显著为正，即非国有股股权的集中有利于提高企业生产率。

第三，进一步将国有股区分为国有法人股和国家股可以发现，国有法人股股权集中度与生产率正相关，而国家股股权集中度与生产率的关系则不确定。在表3的列（3）和列（6）中，国有法人股比例的系数估计值均显著为正，说明国有法人股的股权集中有利于企业效率改进。但是，虽然在表3列（6）中，国家股股权比重的系数正显著，但在列（2）中，其系数估计值却是负的不显著。从这个结果来看，不能确定国家股股权的集中必然会带来企业效率的提高。

第四，从股权集中的影响效果来看，非国有股股权集中的影响与国有法人股集中的影响基本相当，而国家股股权集中的影响则较弱。表4比较了各股权集中度对生产率影响的边际效应的大小。结果显示，非国有股股权集中与国有股股权集中的影响效果之差虽然为正（0.066），但在统计上并不具有显著性（p值为0.269）。在进一步区分国家股和国有法人股后可以发现，非国有股股权集中和国有法人股股权集中对生产率的影响同样不存在显著差异，但两类股权集中的影响均显著大于国家股的股权集中：其中，非国有股股权集中与国家股股权集中的影响效果之差为 0.186，而国有法人股股权集中与国家股股权集中的影响效果之差为 0.149，且两个差值对应的 p 值均小于 0.05，在统计上具有较好的显著性。

3. 结论与解释

上述分析表明，国有股和非国有股的股权集中均可以提高全要素生产率。从不同类型股权集中对生产率影响的比较来看，非国有股股权集中的影响大于国有股的股权集中；进一步区分国家股和国有法人股后，非国有股股权集中的影响与国有法人股集中的影响基本相当，而国家股的影响则较弱。本报告从如下几个方面对这些结论进行进一步的解释：

（1）"内部人控制"与股权集中对效率的影响。内部治理的核心问题之一是解决"内部人控制"问题。在所有权与经营权相分离的前提下，如果所有者不能对经营者实施有效的监督和激励，将可能产生经营者出于自身利益而损害委托人利益的现象。公司股权的分散很可能会引致"内部人控制"问题。当公司股权十分分散时，每个出资人占优的股份都很小，这就使得他们监督经营者行为所得到的收益有限，进而产生"搭便车"的倾向。出资人有限的监督和激励动机使得"内部人控制"的风险增加。从这个角度来说，股权集中对于强化对经营者的监督存在着积极的影响。

（2）国家股和国有法人股集中对效率影响的差异。我国混合所有制企业的国有出资方通常有两种形式。第一种形式是由有权代表国家投资的机构或部门（如中央或地方国资委）出资。由此形成的股份为国家股。另一种主要形式是由具有法人资格的国有企事业单位以其法人资产出资，形成国有法人股。在国家股控股的企业中，政府可以直接委派董事和企业高管，而在国有法人股控股的企业中，董事和高管则由作为法人的国有企事业单位委派。国家股的股利由国有资产管理部门监督收缴，依法纳入国有资产经营预算，而国有法人股的股利则由国有法人单位收取并依法使用。国家股的股东是政府，由于国有法人股股东通常属于追求一定经济绩效的公司法人，对控股公司有相对更强的市场化倾向。这种形势下，政府对企业的控制力存在着一定的差异。

（3）非国有股股权集中与国有股股权集中对效率影

响的差异。

造成这种差异的第一个原因来自不同股权所有者在监督和激励管理者上的差别。正如前文所提到的,一方面,我国国有资产一直按照"国家所有、分级管理"的原则,由各级政府机构代表国家进行管理,而这些政府机构只是全民和国家的代理人,并不是国有资产真正的所有者;另一方面,虽然国家股的产权界定非常清晰,但是全民并不是一个可以行使所有权的自然人或法人实体。因此,在国有股上,并不存在一个真正的产权实体对这些股权负责,而作为代理人的国有资产管理机构由于并不是国有资产的所有者,在公司治理中并不必然具有积极监督和激励经营者的充分动力。相比而言,非国有股股权则不存在这种问题。因此,在国有控股企业中,非国有股股权的集中,除了能够缓解出资人间的"搭便车"问题,还有助于缓解国有股股权所有者和委托人缺位所引致的代理成本问题。

非国有股股权集中的另一个意义在于通过股权制衡缓解双重委托人问题。双重委托人问题在我国混合所有制企业中表现为国有股股东和非国有股股东间的目标冲突。正如前文所提到的,政府的国有资产管理部门(如国资委）在力图实现国有资产保值增值的同时，还追求社会与政策性目标。这些目标包括配合国家宏观调控政策、吸纳就业、环保、社会公益等多方面内容。[①] 无论在中央层级还是地方层级，政府对国有控股企业仍然具有很强的控制力。例如，政府作为国有控股企业的大股东经常通过行政性手段对企业经营管理和人事任命施加影响。这些企业的高管通常由政府任命，而对他们的考核和激励也都有很强的行政性色彩。这使得政府可以将非经济目标施加于企业的日常经营活动。相对而言，非国有股股东更加注重追求经济绩效。这就使得国有股股东和非国有股股东虽同为企业层面的委托人，但两者在目标上往往存在根本性的冲突。在这一背景下，非国有股股权的集中有利于政企分离，对政府干预进行制衡。

（二）内部人激励

本报告进一步以上市公司数据为基础，分析内部人激励对企业生产率的影响。常见的内部人激励手段为股权激励和薪酬激励。

[①] 资料来源：http://www.sasac.gov.cn/n1180/n1271/n20515/n2697175/1559 8877.html。

本报告以高管持股比例和员工持股比例来反映公司的股权激励情况。由于过高的内部人持股反而可能加重内部人控制问题，估计时还将考虑高管持股比例的二次项。受数据可得性的限制，本报告以前三名高管的平均薪酬来体现公司对管理层的薪酬激励。此外，为避免薪酬和绩效之间的共生性问题，估计时将使用高管平均薪酬的一阶滞后项。估计所使用的数据来自国泰安和万德上市公司数据。

表5　　　　　　　　高管薪酬、内部人持股与生产率

	全样本			国有控股与参股		
	(1)	(2)	(3)	(4)	(5)	(6)
高管平均薪酬	0.057***	0.057***	0.057***	0.058***	0.057***	0.058***
	(0.012)	(0.012)	(0.012)	(0.018)	(0.018)	(0.018)
高管持股比例	0.107*	0.141	0.107*	1.155	2.552	1.151
	(0.063)	(0.225)	(0.063)	(0.841)	(1.588)	(0.841)
高管持股比例平方		-0.071			-4.600*	
		(0.386)			(2.791)	
员工持股比例			0.360			0.650*
			(0.319)			(0.368)
国有股股权比重	0.281***	0.281***	0.281***	0.307***	0.309***	0.307***
	(0.047)	(0.047)	(0.047)	(0.060)	(0.060)	(0.060)
非国有股股权集中度	0.268***	0.268***	0.268***	0.376***	0.378***	0.377***
	(0.052)	(0.052)	(0.052)	(0.087)	(0.088)	(0.087)

续表

	全样本			国有控股与参股		
	(1)	(2)	(3)	(4)	(5)	(6)
价格加成率	0.060***	0.060***	0.060***	0.049***	0.049***	0.049***
	(0.007)	(0.007)	(0.007)	(0.008)	(0.008)	(0.008)
利息支出/总负债	0.347	0.346	0.347	0.506	0.488	0.506
	(0.478)	(0.478)	(0.478)	(0.685)	(0.688)	(0.685)
规模	0.058***	0.058***	0.058***	0.041**	0.041**	0.041**
	(0.011)	(0.011)	(0.011)	(0.016)	(0.016)	(0.016)
资本—劳动比	-0.024***	-0.024***	-0.024***	-0.008	-0.008	-0.007
	(0.008)	(0.008)	(0.008)	(0.011)	(0.011)	(0.011)
年龄	0.026***	0.026***	0.026***	0.028***	0.028***	0.028***
	(0.003)	(0.003)	(0.003)	(0.004)	(0.004)	(0.004)
N	18593	18593	18593	7938	7938	7938

注：括号中为标准差；*、**和***表示在1%、5%和10%的水平上显著。

由表5估计结果可以得到如下几点结论：

1. 从管理层激励来看，薪酬激励对提高国有控股和参股上市公司的效率有显著的正面影响。

2. 虽然从经济意义上来看，平均而言，股权激励对效率提升的作用高于薪酬激励，但这种激励方式在国有控股和参股的上市公司中不具备统计上的显著性。在表5中，高管持股比例的系数估计值均高于高管平均薪酬，但高管持股比例的系数估计值在全样本下显著，但在国有控股和参股企业样本下则在统计上不显著。这暗示着高管股权激励的效果可能在非国有上市公司中更为显著。

3. 员工持股对于提升国有控股和参股上市公司的效率有一定的正面作用。从表5的结果来看，员工持股比例在国有控股和参股企业样本下显著，但在全样本下不显著。这说明员工持股对于提升国有控股和参股上市公司生产率有更加显著的效果。形成这一结果的一种可能性在于，国有企业普通员工薪酬绩效激励上的相对无效性使得股权激励成为更加有效的补充性激励手段。

五 研究结论和政策建议

(一) 主要结论

第一，国有企业不再是"低效率"的代名词。一些国有控股企业，尤其是央企，其经济效率甚至好于一些民企，至少总体上国企和民企之间的效率差距在缩小。

第二，国有企业的盈利具有明显的行业、规模和身份特征。(1) 从各工业行业的企业平均绩效来看，具有高盈利能力与高生产率的国有和国有控股企业普遍位于具有垄断性特征的行业。(2) 企业规模与国有企业全要素生产率之间正相关。(3) 央企在盈利能力和生产率上均优于地方国有企业。

第三，混合所有制国企效率提高最主要的两个原因是贷款优惠政策和市场势力。(1) 混合所有制国企可以凭借国企地位获得更低的融资成本。(2) 混合所有制国企所处行业很大程度上是高度垄断的行业。在控制市场势力和投资—现金流敏感性指数后，国有资产比重对效率的正面影响被削弱，即国企股份的优势不再明显。此外，在其他条件相同的前提下，企业中非国有经济比重的提高则倾向于增进企业生产率。

第四，员工持股对于提升国有控股和参股上市公司的效率有一定的正面作用。计量回归分析表明，员工持股比例在国有控股和参股企业样本下对企业生产率有显著的正效应，但在全样本下不显著。一种解释是，国有企业普通员工薪酬相对固定，使得股权激励成为更加有效的补充性激励手段。

（二）政策建议

（1）**加快国有企业的混合所有制改革步伐，特别是加快垄断性行业的国企混改步伐**。目前来看，竞争性行业的国企混改比较有效，其效率显著高于纯国有企业。一个重要原因就是民营资本的进入有助于规范国企的公司治理机制。下一步的重点是推进垄断性行业的国企引入民营资本，加速混合所有制改革步伐。

（2）**将国企分类改革思路与完善市场竞争环境结合起来，通过营造竞争性市场环境给国企改革提供动力**。目前国企改革的总体思路是，将所有国企分为商业类和公益类。要警惕有关部门为了既得利益，将所有在垄断性行业拥有市场势力的国企全部划入"公益类"，从而延缓了国企改革步伐。我们建议，对那些"关系国家安全和国民经济命脉的重要行业和关键领域"进行科学的细分，并作为"负面清单"向社会公布。绝大部分国企应该属于商业类，应该通过市场竞争的外部环境来改进效率，以市场化的手段来进行混合所有制改革。

（3）**加快国有企业的薪酬改革步伐，使国企员工的薪酬能够反映实际生产率**。目前，由人社部牵头组织的国企薪酬改革方案尚未出台。我们的研究表明，国企目前的职工薪酬难以全面反映其生产率，缺乏显著的激励效果，因此职工持股才成为一种补充激励手段。应该优化职工薪酬结构，例如提高奖金或津贴的比例，减少固定工资的比例，使薪酬能够成为激励员工积极性的基础手段，这符合市场经济的基本原则。

（4）**先市场化改革，再推行股权激励**。由于国企资本金盘子太大，较少股份很容易被稀释，难以发挥股权激励的正常效果。太多员工持股，则容易导致小股东的"搭便车"行为。而且，很多国企处于行政性垄断行业，这些员工已经享受了稳定而丰厚的工资福利，再对他们实行股权激励，可能导致利益固化，引发社会不满情绪。因此，对于竞争性国企，可以推行员工持股；但是对于垄断性国企，应该先进行市场化改革，然后再推行员工持股。

（5）**要从根本上改革国企，必须明确国企的定位。**如果国企仍然要承担政治、社会和经济职能，而不是承担单一职能，那么多任务代理模式下，国企不可能成为纯粹追求效益或者降低成本的市场化主体。更重要的是，只要国企仍然承担政治和社会职能，就不可能完全做到"政企分离"，就不可能与民企平等竞争。我们的建议是，少部分国企承担政治和社会职能，它们应该被划入公益类国企，作为"特殊企业"存在，不参与市场竞争；大部分国企应该只承担经济职能，它们应该被划入商业类国企，由市场竞争来决定其去留。

附录 1

投资—现金流敏感性指数的测算

本报告使用 Hovakimien（2009）的方法来测算投资—现金流敏感性指数。这一测算过程由两步所组成。第一步是估计企业的投资方程。该估计过程将控制除现金流之外的影响企业投资的关键变量。估计的投资方程的形式如下：

$$\left(\frac{I}{K}\right)_{it} = f(控制变量) + \alpha_i + \alpha_t + \varepsilon_{it} \tag{f1}$$

（f1）式中，$\frac{I}{K}$ 为以固定资产总额标准化的固定资产投资；α_i 和 α_t 则分别表示个体和时间固定效应。在估计过程中，（f1）式的控制变量包括：销售额的增长率（代理企业发展前景）、抵押能力（以固定资产占总资产比重衡量）、杠杆率（总负债除以总资产）、债务融资利率（以利息支出除以总负债代理）、流动性比率（流动资产除以流动负债）、企业规模、年龄、资本—劳动比、所有制以及补贴强度。

通过对（f1）式进行估计可以得到其残差项。在第

二步中,将该残差项代入如下公式来计算投资—现金流敏感性指数(CFSI):

$$\text{CFSI} = \sum_{t=1}^{n} \left(\frac{(CF/K)_{it}}{\sum_{t=1}^{n}(CF/K)_{it}} \times \varepsilon_{it} \right) - \frac{1}{n}\sum_{t=1}^{n}\varepsilon_{it} \quad (\text{f2})$$

从(f2)式可知,该投资—现金流敏感性指数通过捕捉企业现金流波动的影响来反映企业的投资对现金流的敏感性。只有1年观测值的企业无法观测到现金流的波动,从而其CFSI指数的计算结果将始终为0,无法反映实际的融资约束程度。为避免这种结果的误导,本报告在测算CFSI时,剔除了只有1年观测值的企业。

附录 2

价格加成率的测算

本报告使用 De Loecker（2011）的方法来对价格加成率进行测算。令生产函数为 $Y_{it} = Y(X_{it}, K_{it})$。其中，$X_{it}$ 为 t 时期的各种可变要素投入，K_{it} 为资本投入。令 P_{it}^X、P_{it} 和 r_{it} 分别表示投入、产出和资本的价格。企业的成本最小化问题为：

$$L(X_{it}, K_{it}, \lambda_{it}) = P_{it}^X X_{it} + r_{it} K_{it} + \lambda_{it}[Y_{it} - Y(X_{it}, K_{it})]$$

最优要素投入的一阶条件为：

$$\frac{\partial L}{\partial X_{it}} = P_{it}^X - \lambda_{it} \frac{\partial Y(X_{it}, K_{it})}{\partial X_{it}} = 0 \tag{f3}$$

其中 $\lambda_{it} = \frac{\partial L}{\partial Y_{it}}$ 实际反映了单位产出的边际成本。

由（f3）式可得：

$$\frac{\partial Y(X_{it}, K_{it})}{\partial X_{it}} \cdot \frac{X_{it}}{Y_{it}} = \frac{1}{\lambda_{it}} \cdot \frac{P_{it}^X X_{it}}{Y_{it}} = \frac{P_{it}}{\lambda_{it}} \cdot \frac{P_{it}^X X_{it}}{P_{it} Y_{it}}$$

价格加成率为产品价格与边际成本之比，即 $\frac{P_{it}}{\lambda_{it}}$。因此，由上式可进一步得到：

$$\frac{P_{it}}{\lambda_{it}} = \frac{\partial Y(X_{it}, K_{it})}{\partial X_{it}} \cdot \frac{X_{it}}{Y_{it}} / \frac{P_{it}^X X_{it}}{P_{it} Y_{it}}$$

上式中，$\dfrac{P_{it}^X X_{it}}{P_{it} Y_{it}}$ 为可变要素总投入占销售额的比重，其数值可以直接从中国工业企业数据库中计算得到。$\dfrac{\partial Y(X_{it}, K_{it})}{\partial X_{it}} \cdot \dfrac{X_{it}}{Y_{it}}$ 为要素的产出弹性，可以通过对 C-D 型生产函数的估计来得到。

参考文献

白俊、连立帅:《信贷资金配置差异:所有制歧视抑或禀赋差异?》,《管理世界》2012年第6期。

苟琴、黄益平、刘晓光:《银行信贷配置真的存在所有制歧视吗?》,《管理世界》2014年第1期。

方明月:《先天优势还是后天努力——国企级别对全要素生产率影响的实证研究》,《财贸经济》2014年第11期。

聂辉华、贾瑞雪:《中国制造业企业生产率与资源误置》,《世界经济》2011年第7期。

De Loecker, J., "Recovering Markups from Production Data", *International Journal of Industrial Organization*, Vol. 29, 2012.

Hovakimian, G., "Determinants of Investment Cash Flow Sensitivity", *Financial Management*, Vol. 38, 2009.

刘小鲁，中国社会科学院经济学博士，现为中国人民大学经济学院副教授，中国人民大学国家发展与战略研究院研究员，美国加州大学伯克利分校访问学者。主要研究方向为产业组织理论和政府规制，在 Industrial and Corporate Change、Telecommunications Policy、《经济研究》、《管理世界》、《世界经济》等学术期刊上发表论文数十篇。

聂辉华，中国人民大学经济学博士，美国哈佛大学经济学系博士后。现为中国人民大学国家发展与战略研究院副院长、经济学院教授和博士生导师。主要研究方向为组织经济学，在 Review of Economics & Statistics、Journal of Comparative Economics、《中国社会科学》、《经济研究》等国内外一流学术期刊上发表论文几十篇。2008年获得"全国百篇优秀博士学位论文"奖，2011年入选教育部"新世纪优秀人才支持计划"，2013年入选中组部首批"青年拔尖人才计划"（国家"万人计划"）。撰写的内参多次获得党和国家领导人的批示。